生き銭と
死に銭

吉田義人

まえがき

はじめに、私がお金のことを考えるに至った経緯を書きたいと思います。

最初にお金について強烈に印象に残ったのは、母の言葉でした。

当時の私は8歳。今から34年ほど前、つまり１９８２年頃の話です。日本経済の流れでは１９８６年あたりを境に始まったバブル経済の前夜にあたります。近所の行きつけの中華料理屋さんで食事をしながら、母がこんなことを私と弟に言いました。

「あなたたち、いい？　１億円を貯めれば、１年に銀行の利子だけで５００万円になるんだから、もうそれだけで元金は一切減らないし、月に40万円近くになるんだから、一生働かなくても、贅沢さえしなければ充分やっていけるのよ」

２０１６年現在、預金利息が限りなくゼロに近くなり、果てはマイナス金利が当たり前となっている状況では考えられない話ですが、１９８２年当時の定期預金などは年利４％ないし5％近くありました。

この母の言葉は私の頭に強烈にインプットされました。子どもながらに「1億円あれば一生働かないで、遊んで暮らせるんだ」と考え始めるようになっていきました。


時は流れて、私は高校生になりました。当時の私は、ビートルズのコピーバンドを組み、新大久保のリーチ麻雀に出入りし、パチンコもやり、渋谷で合コンをして、すでに酒、タバコも覚えていたようなかなり生意気なマセガキでした。当然、両親や祖父母からもらう小遣いでは足りず、アルバイト情報誌を買ってきて、大井町の運送会社でアルバイトをすることを決意しました。

本当は18歳未満では雇ってくれませんでしたが、年齢を偽って雇ってもらいました。当時はバブル期真っ只中、やる気さえあれば「何人問わず」で仕事はたくさんありました。日雇い、取っ払い8千円、前借可といった具合です。初めてのアルバイトは引越しの助手。日当8千円をその日すぐにもらうことができ、生まれて初めて親以外の人からいただいた、自分で稼いだお金に、感激・感動したのを憶えています。ですが、麻雀、バンド、飲み会に、浪費してばかりの「宵越しの銭は持たねぇ」といった毎日だったので、お金はサッパリ貯まりませんでした。同じ職場で日雇い生活をしているオッサンによく叱られたものです。「若いうちからそんなことばっかり覚えているとロクなモンにならねぇぞ！」と。

その後、大学に進学し、在学中もガソリンスタンドに始まり、居酒屋、ハンバーガーショップ、ファミコンショップ、イタリアンレストラン、ゲームセンターといった具合にアルバイトをしては、仲間と空っケツになるまで遊んでしまうということを繰り返していました。

卒業後は、日産プリンス神奈川販売で2年ほど勤めた後、カナダでの永住を目指し、ワーキングホリデーを使ってバンクーバーへ。現地でも数々の仕事をし、夢破れて日本に帰国した後も、宅配寿司、牛メシの松屋、キャバクラのボーイと職を転々とした20代でした。稼いでは遊び呆けてケロリとし、稼いでは遊び呆ける。典型的なダメドラ息子でした。

そんな私の生活に突然ピリオドが打たれました。

事業家として二代目の社長であった父の死です。私が29歳のときでした。突然、6千万円の銀行借入と従業員80名の生活の責任が重くのしかかりました。

父の会社は、東京と神奈川でゲームセンター2店舗とFC松屋1店舗を経営していました。切迫した現実を前に、私は創業者であった祖父母と家業を継ぐことになりました。当時、会社の通帳には300万円のみ。月々の銀行返済、家賃、業者への支払い、そして絶対に遅らせることができない従業員の給料やボーナス。これを売り上げからつくらなければならない。本当に困り果てました。

私は決めました。「全ての遊びをやめて、仕事のみに精進しよう」と。大好きだったキャバクラをやめ、パチンコ、麻雀をやめ、自宅と職場の往復しかしない毎日が始まります。

そんな状況にあっても「三代目についていく覚悟です」と言ってくれた従業員たちには感謝するしかありません。私の力が及ばずに「辞めたい」と言った人には辞めていただき、本当に稼ぐ心意気をもった仲間たちを軸に事業再建をスタートさせました。とにかくガムシャラに働くしかなく、お金というものを真剣に考えざるを得ない状況に追い込まれました。

気がついたら父の一周忌となり、休む間もなく二年が過ぎ、三年を迎えた頃には、ようやく従業員たちが会社組織らしくまとまりはじめました。そして、その年の暮れには6千万円あった銀行借入の返済が完了し、日銭で120万円が入ってくる状況になり、年商は

4億3千万円を超えました。

そうした怒涛の時期から約6年が経ったある日、中・高・大学の同級生でバンド仲間のトオルが、「お前が経験したことを本にしたらどうだ」と言ってきました。それならと思い立ち、自分がこれまでの商《あきな》い人生で見聞きした言葉を、少しずつ書き綴るようになりました。そうやってできたのが本書です。

現在、家業を不動産賃貸業に事業転換し、私は取締役営業部長に就いています。社長は弟です。そこで本書には不動産屋として日々実感しているお金の話も書き加えました。

収録した文章は、すべて仕事の現場や行きつけのクラブのホステスの隣で綴った生の言葉です。編集の広本氏が「語録」の形で一気にまとめ上げてくれました。

乱文・乱脈で読み苦しい次第であると思われますが、ここから先のページにお付き合いいただければ、大変うれしく思います。

吉田義人　YOPPY

目次

1 生き銭を掴《つか》め

金なんて単なる紙なんだよ、表はね。
裏じゃこの紙で何人死んでると思ってるのよ？
それがカネの恐ろしさだ。

Yoppy

語録
カネに勝つ

1

カネは命の次に大事なモンだ。
これがなきゃ人間生きていけない。

2

衣食住を確保するにはカネしかない。

3

カネは目的じゃなく手段だ。
カネを目的にしている奴が多すぎる。

いいか？
金の稼ぎ方なんて簡単なんだ。
ガムシャラに働けば良い。どんな職業でもだ。
ただ難しいのは、その金の使い方だ。
生き銭、死に銭という言葉がある。

Yoppy

1

人間、稼いで使う、ただそれだけだ。
だから皆で頑張るんだ。

2

死に銭も時には生き銭になる。
この辺がカネの面白いところだ。

3

要はカネの渡し方だ。
もらう方には後ろめたさがある。
そこを理解しないとうまくいかない。

とある年商10億円近くの事業家のオヤジが
こんなことを言ってきた。
「いいか？　全ての素晴らしさっていうのは
コトがスムーズに運ぶってことだ。
万札をチップに切れば万事はスムーズに動く」

Yoppy

1

事業家のオヤジいわく
「カネは必要な時に必要なだけあれば良い」。
全くもって一理あると思う。

2

〝くれてやる〟という渡し方はダメだ。
土下座するくらいの姿勢で収めてもらう。
でないとそのカネは死に銭になる。

3

カネは手段であって目的ではない。
必要以上に貯蓄しても子や孫のためにはならない。
大事なのは教育・学問をミッチリ仕込むことだ。

経済ってのは、「上がったモノは下がる。
下がったモノは上がる」。これが基本だ。
人間の人生にも同じことが言える。
だから、**地獄を見た人間は強い。**
落ちるところまで落ちたら、
あとは上がるしかないからだ。

Yoppy

1

本当の一流と言われる人は、
必ずと言っていいほど、ドン底を味わっている。
だから一流が分かる。

2

地獄に仏という言葉がある。
地獄でも手を差し伸べてくれる人がいる。

3

地獄の沙汰も金次第という言葉がある。
やはり金は命の次に大事なモノだ。

何っ！「儲かるから投資しないか？」だと？
儲かるなら、なぜお前が投資しないんだ？
何っ、「私にはそんな金がない」だと！
「バカッ」そんな貧乏人の話、誰が信じるんだ。
最終的には30万円貸してくれだと？
いい加減にしろ。そんな**無駄金**はないっ！

Yoppy

語録
カネに勝つ

1

旨い話なんてない。
旨い話なら人に教えるはずがない。

2

旨い話の大半は詐欺《さぎ》だ。
この世に詐欺師がいかに多く、
それに騙《だま》される人が多いことか。

3

全身エルメスで固めている奴は詐欺師だ。
こんな奴が昼間に紳士然として
高級ホテルのティーラウンジにいる。

ある事業家のじいさんがこんなことを言っていた。
「自分にとって**損か得か**を考えるんだ。
先を見ろ！
今のことばかり考えてる奴が多すぎる。
ただ頑張ったってダメなんだ。
自分が報われるように頑張るんだ」

Yoppy

1

確かにもっともな言葉だ。
今の延長上に明日がある。
「明日を見つめて今をひたすらに」だ。

2

損か得かって考えるのは商人の基本だ。
常にソロバン勘定をしろ。

3

だからこそ、人から受けた恩は借りだ。
借りた物・恩は返す。
これが人間関係の基本の義理・人情だ。

年収数億円の事業家の友人が言った。
「人間が一度に手に入れる金は
1千万円くらいがちょうど良い」。
宝クジで大金を得た奴の7割は破たんする。

Yoppy

1

金が少ないのと、悩みが少ないのを
一緒にするな。

2

貧乏人は金さえあれば悩みがなくなると考える。
だが金を持つには体力がいる。

3

金は持ったら持ったで余計悩みが多くなる。
どう金を持つかが重要だ。

オレのじいさんが言った。
「まずは100万円貯めろ。その金には手を出さず、
10回繰り返すんだ。1千万円貯まったら、
金が向こうから寄ってくる」。
実際に**1千万円貯める**と、
金が入ってくるようになった。

Yoppy

1

金が少し貯まればすぐに使う。これは凡人だ。

2

水が桶から零れ落ちるまで溜める。
零れ落ちた金を舐めるように使え。
これが金持ちの秘訣だ。

3

1千万円あれば、銀行が頭を下げてくる。
貯めるのは確かに大変だ。だが、そこに勝負をかけろ。

人間、「ケチと無駄」――これはいけない。

だが、**「節約」は大事だ。**

Yoppy

1

どんなに金持ちになっても
「節約上手」でいろ。

2

日本語の「もったいない」だ。
無駄を省いて使い切る。
これが究極のエコだ。

3

「もったいない精神」は海外にはない。
日本ならではの生き銭の知恵だ。

飲食店はバクチだ。

日々の売り上げを読み、
いかに食料のロスを減らすかという商いだ。
これをバクチと言わず
マーケティングとか言う奴はシロウトだ。

Yoppy

1

飲食店主は毎日バクチを打つ以上、
それ以外の勝負ごとに手を出せば
破たんは目に見えている。

2

一見派手に見える商いだが、
一日一日の地味な売り上げが実を結ぶ。

3

繁盛してオーナーが売り上げに手を付けだすと、
面白いように従業員も悪事を始める。
それは興味深いほど一致している。

よく、〝衣・食・住〟って言う。
でも、オレは違うと思う。
〝食・衣・住〟が順番だ。

Yoppy

1

人間まず喰って、着るもの、
そして寝るところだ。

2

〝食・衣・住〟に関する商売は当然、儲かる。
だが競争も激しい。

3

もっと儲かる商売は
人の「生・死」に関わる商売だ。
つまり、葬儀屋とか風俗だ。

来ない客を待つ。
これは実に辛いことなんだ。
待つ仕事。待つって難しいことなんだ。
実はお客はそんな時の
仕事をしている姿勢を見ている。

Yoppy

1

オレが川崎で店をやっていた時のことだ。
お客が来ないんで、仕方なく外掃除をしていた。

2

そうしたら、
「いつもお前は掃除をしている、偉いな。
どんな店か興味あったんだ。入らせてもらうぞ」

3

「いらっしゃいませ！」と、こうなった。
仕事は真面目に頑張る奴には絶対勝てない。

仕事の仕方、やり方、生き方は
トイレ掃除と**接客**と
ゴミ箱に尽きる。
客は似たような店なら、良い方を選ぶ。

Yoppy

1

従業員にはまずトイレ掃除を教えることだ。
見せて、やらせて、叱って、誉める。
これがサービス業のイチの教育だ。

2

トイレ掃除と接客が良い店はよくある。
ただし、ゴミ箱にはなかなか目が届かない。

3

ゴミ箱に目を光らせろ！
その最たるものが〝ラスベガス〟だ。

物真似上手になれ！
パクリも10回やれば
オリジナルになる。
先人の真似をしていれば、
いずれ自分のモノになってくるんだ。

1

先発は必死の思いで商品を作っている。
後発はそれをパックリパクる。
お客は後発を新作と思ってしまう。

2

パクられるのは決して悪いことではない。
それだけ魅力のある商品だからだ。

3

パクりパクられ、業界で競争が始まり、
好製品がお客に提供される。

オレは不動産屋だ。
川崎のとある会社の取締役営業部長だ。
だから不動産の相談をよく受ける。
儲け抜きで仕事を受けることも多いが、

不動産の見方にはツボがある。

Yoppy

1

物件は昼間に見て、夜も見に行く。
必ず現場に足を運ぶことだ。

2

近所で物件の情報収集をする。
とくにバーなんか良い。
バーテンの情報というのは恐ろしく正確だ。

3

最後は直感なんだ。
「ちょっとおかしいな」みたいな六感は必ず正しい。
自分の直感を信じよ。

日本人は細かい買い物にこだわりが強い。
卵が10円安いことにはうるさいが、
不動産のような高い買い物には雑になる。
大きな買い物にこそ目を向けろ。

Yoppy

1

不動産屋は「千三つ屋」だ。
千に三つしか良いことを言わない。

2

3千万円のローンを無警戒に組む前に、
卵を見比べるくらいの慎重さを発揮しろ。

3

家を買うとは、親子二代のローンを組むのと同じだ。
不動産屋の言いなりになるな。

不動産は**買える時が買い時**だ。金利だのなんだのに惑わされるな。

Yoppy

1

単純だが、1億円の家は、
1億円持っている時が買い時だ。

2

よく「良い物件がないか？」って言われるが、
良い物件はすでに買われている。

3

人脈と小まめな情報収集が大事だ。
営業と一緒で普段から種をまかない限り、
良い物件など転がり込んでこない。

日本では「持ち家」志向が強い。
土地神話も依然として根強い。
メガバンクから
35年ローンを借りられる人が勝ち組だ。

Yoppy

1

持ち家を夢見る賃貸人の多くは
ローンが借りられず負け犬とされる。

2

もしこの比率が逆転したら、
不動産賃貸業は破綻する。

3

そもそも土地は「国土」という国に帰属するものだ。
ここに所有権の矛盾がある。

年商1億5千万円の不動産賃貸業社長が言った。
「日本はオニギリ一つ万引きすれば窃盗罪なのに
家賃滞納は罪に問われない。
滞納はドロボーと同じなのにおかしい」

Yoppy

語録
カネに勝つ

1

たしかに矛盾している。家賃滞納がコンビニのオニギリよりもはるかに高額なのは明らかだ。

2

すぐには罪に問われず利息もかからないなら、サラ金よりも家賃滞納の方がマシ。金に困った店子がそう考えてもおかしくない。

3

法律ってのは矛盾している。〝弱い者〟ではなく〝知ってる奴〟に味方する。だから日々の勉強は大事だと思う。

不動産仲介の仕事は
借りたい方と貸したい方の
契約を成立させる商売だ。
借りたい側から手数料を受け取り、

かかる原価は紙切れ一枚だ。

Yoppy

1

仲介は、いわば魚の仲買だ。

2

仲介と媒介は同じだ。
契約で持ち出される
「媒介」という言葉に踊らされるな。

3

不動産よりも儲かるのは
紙切れ一枚で商売する保険屋だ。
彼らは安心を売る。

仕事は「人」だ――経営者は感謝しろ

事業というのはズバリ「人」だ。和親合一という言葉があるように、まずは内を固めることが大事なんだ。

29歳で家業を継いだ当初、従業員のなかには「私たちは前社長の社員であって、あなたと一緒にやっていく気はありません」と退職届を突きつけてくる人や「先代とは決して仲が良くなかった」と言う人もいた。それでも膝を付け合いとことん話し合った。

覚悟を決めてくれた仲間を軸に、飲食部門で人を採用し、教育し、ゲーム部門に送り込んでいった。気がつくと組織が充実しはじめた。事業を再生できたのは、彼らが一丸となって邁進してくれたからだ。

社員とは仕事の考え方の違いからよくケンカをした。だが、稼ぐという目的を分かち合った間でケンカを恐れちゃいけない。あとで振り返れば、笑い話だ。元社員のノリさんは現在独立し、地元の川崎で焼き鳥屋を営んでいる。オレはよく顔を出しては、昔のケンカを肴にしながら一杯呑んでいる。

父が残した借金返済後すぐに、ともに事業を引き継いだ祖母が亡くなった。当時オレが頑張れたのは祖母の優しい叱咤のおかげだ。

2 ヒトを見極めろ

Yoppy

語録
商いに勝つ

オレは〝よっしー〟と名乗っていた。

ある時、会員制の水商売の店で働いていた
チカちゃんがこう言った。

「よっしーよりよっぴーのが**可愛い**よ」。

それ以降、よっぴーと呼ばれ人気が出た。

Yoppy

1

チカちゃんと知り合ったのは、
やはり同じ会員制の水商売をやっていた
ユキちゃんの紹介だった。

2

残念ながら二人ともこの世にいない。
今、二人が生きていたら、良くしてあげたかった。
オレはそのころ貧乏ではなかったが金繰りで苦しかった。

3

二人に育ててもらったことは間違いない。
女って生き物は貧乏と金持ちの違いをどう考えるのか？
とにかくオレは二人に愛された。心から冥福を祈りたい。

いいか？
違ったタイプだからこそ
仕事でも遊びでも組む必要があるんだ。
同じタイプと付き合ったところで
良い結果なんか出やしない。

Yoppy

1

ただし、違ったタイプでも人間性の悪い奴はダメだ。
人間性の悪い奴はどこにでもいる。

2

ひがみ、ねたみの強い奴もダメだ。
ひがんだり、ねたんだりしている奴は、
人から学ぼうという姿勢がない。

3

人の悪口は便所で一人で言え。
人の口に戸は立てられない。

人間ひとりでやれることなんて
タカが知れている。
二人なら三人の仕事。
三人なら五人分の仕事ができるんだ。
何でもかんでも一人でやろうとする奴が多すぎる。

Yoppy

1

職人さんの世界で
「段取り八分、仕事二分」という言葉がある。
要はどこまで打ち合わせをしているかということだ。

2

打ち合わせってのは現場でやるもんだ。

3

「迷ったら現場へ行け。すべては現場で起きている」
こういうことだ。

ずばりカネが欲しければ、
信用を先にとることだ。
カネを先にすると信用を落とし、
信用が落ちれば**カネ**も落ちる。

Yoppy

1

「人より良い生活を、高い評価を」と望むのは人情だ。
それを成立させるのがカネと信用だ。

2

銀行の融資はカネがあるところにしか流れず、
カネがないところには流れない。

3

安易に目先のカネだけを追ってはダメだ。
カネのためにこそ、まず信用を掴め！

人を喜ばせ、楽しませてやれば
喜び、楽しみとなって
自分に返ってくる。
これこそ**本当のギブ&テイク**なんだ。

Yoppy

1

喜ばせてもらった方はやはりうれしい。
何かお返しをしたくなるもんだ。

2

逆にいやがらせをされたら、それは根深く残る。
敵をつくらないってことが大事なんだ。

3

それができない不義理者のアドレスなんか
さっさと消せ！

自動車のセールスマンの先パイが
客にこんなことを言っていた。
「お客さん、**駆け引き**やめましょうよ。
腹割ってとことん行きましょうよ」

Yoppy

1

この一言は、勉強になった。
インターネット全盛の時代だが、
やっぱり物は人から買うモンだと思う。

2

安く買いたい人との接点がどこにあるかを
探るのが一流のセールスだ。

3

足で稼ぐのが基本だが、最も大事なのは客との関係だ。
商談は人間関係。まず自分を売り込むことなんだ。

今日、オレは部下にある指示を出した。
「頑張るな、休め！」と。
部下がフラフラの状態になって
タクシーで出社してきたからだ。

Yoppy

1

ただ頑張ってりゃいいってもんじゃないんだ。
帰って喰うものを喰って休む。これも仕事だ。

2

部下はタクシー代を気にしていたが、
オレの責任で経費にした。当然だ。

3

この指示は絶対の命令として部下に伝えた。
これが今日オレのした仕事だ。以上！

いいか？
人間って生き物は、
そんな**完ペキな生き物**じゃないんだ。

Yoppy

1

なのに完ペキを求める奴が多すぎる。

2

完ペキを達成すると必ずどこかに歪みが出る。

3

完ペキを求めようという姿勢は大事だが、
本当に完ペキにしちゃいけない。大変なことになる。

デビュー前の**ビートルズ**を聴いていて
思うことがある。
彼らの音楽はほとんどカヴァーだ。
オリジナルを創り出すのは、
結構時間がかかっている。

Yoppy

1

何ごとも下積みが大事だ。
人間いきなり大成するものではないと思う。

2

下積みの素晴らしさは、貧乏だ。
人間ひとりでは生きられない。
カネがないと仲間に恵まれる。

3

金持ちや事業家のトップ、政治家の頂点へと
昇りつめるほど、孤独になる。
オレは寂しがり屋だ。トップを極める気はサラサラない。

出る杭は打たれるが出過ぎた杭は打つことができない。

Yoppy

1

出過ぎた杭になれ！
オンリーワンになると人は何も言えなくなる。

2

「できる事はやる、できない事はできない」と
自信をもって言え。

3

大きな声でハッキリとモノを言う。
これが〝出過ぎた杭〟になる第一歩だ！

これからの時代、
どんどんデジタル化が進む。
進めば進むほど
人間はアナログに還《かえ》るんだ。

Yoppy

1

だから人が肌触れあうことに飢えるんだ。
握手したり肩に触れあったり、だ。

2

だからオレたち学歴社会ドロップアウト組の
キャバクラは安泰だ。

3

男の遊びは飲む、打つ、買うだけだ。
キャバクラは飲む、買うを同時にやってる。
だから強いんだ。

オレは名刺を持たない。

Yoppy

1

顔と人脈で勝負する。

2

話したければ電話をかけてこい。
すぐに折り返す。

3

ショートメールは3通までにしろ。

ケータイの着信。

用があって連絡しているんだ。
なのに折り返してこない奴が多すぎる。
そんな奴に限ってラインだ、フェイスブックだ、
ツイッターなんかをやってる。そんなに忙しいか？

Yoppy

1

ケータイの着歴は必ずかけ直せ。
相手は「分かってくれているんだ」と信頼する。

2

理由に「忙しかった」、こんなことを言うな！
かけ直さない理由はほとんど「面倒臭い」だ。
一体いくら稼いでるんだ。そんな奴に限って貧乏だ。

3

メールなんてショートメールで充分だ。
不必要なアプリが多すぎる。

フェイスブックなんて
アメリカのシリコンバレーのヤッピーどもが
思いついて、上場して、持ち株を売り抜いて
大金持ちになった残りカスに過ぎない。
全てを否定する気はないが

オレには必要ない。

Yoppy

1

友達５００人を自慢する奴がいる。
会ったこともない奴に「いいね」って言われたくて
朝からパソコンにかじりついて目を悪くしている。

2

ネットで自分の経歴まで晒《さら》す奴に限って
プライバシーが…と騒ぐ。
ハナからやらなきゃいいのにって思う。

3

やたら今日喰ったモノを載せたがる奴がいる。
そんなに昔に喰うのに苦労したっていうのか？
これほどいじましいことはない。

大学時代の教授の言葉だ。
「君たちは学校を卒業すると
すぐ『ウチの会社は』と言い出す。
それを法人資本主義と言うんだ。
君はきっと、ウチの会社は、などと
言わない人間になるはずだ」

Yoppy

1

確かにオレは「ウチの会社」と言ってない。
法人資本主義に染まりたくないからだ。

2

企業だけじゃない。同級生の県警の巡査部長が
「ウチの会社は」と言っていた。
警察がどんな利益を出しているってんだ。

3

挙げ句の果てに、役所が「お客様」と言う。
使いどころが完全に間違っている。
どうせなら「優良な納税者」が正解だ。

移住して働く夢――バンクーバー営業時代

大学時代のカナダ・バンクーバーへの語学留学が忘れられず、25歳で日産プリンス販売のカーディーラーを退職し、ワーキングホリデービザを取得して、現地に向かった。「カナダで一旗あげてやる」。この一心だった。到着後、革ジャンの内ポケットに入れた軍資金80万円をカナダドルに替え、コネのあった会社に向かった。だが、面接官は言った。「永住権は持ってないの？　採用できないよ」と。

困ったオレは、日系人向け新聞で仕事を探した。目に飛び込んできたのは「巨泉のＯＫギフトショップ・セールスクラーク」の募集だった。「私は車の飛び込み営業をしてきました。観光客のギフトも売る自信があります！」とアピールし、なんとか採用してもらった。日本人観光客に向けて、「土産話だけじゃなくて菓子箱をきちんと渡しましょうよ」というセールストークで必死に販売数を伸ばし、日販3万カナダドル（約２５０万円）の店舗売上にも少しは貢献できたと思う。

当時一緒に働いたスタッフの皆さんと今も親交があることは幸せだ。このチャンスをくださった大橋巨泉社長には返しきれない恩がある。ご冥福を心より祈りたい。

3 男の遊び 飲む・打つ・買う

Yoppy

語録

バクチに勝つ

男の遊びなんていうのは
「飲む・打つ・買う」しかない。
しいて言えば「飲む・打つ・打つ・買う」だ。
もうひとつの打つは薬物で、これは地獄を見る。

Yoppy

1

男に生まれて
これをひとつもやらない奴はおろかだ。

2

男ならこれの二つまではやれ。
人生楽しむもんだ。

3

三つもしくは四つやる奴は必ず破たんする。
これが道理だ。

バクチに費やした金は一見、死に銭だが、
損得なんて見方一つで変わるもんだ。
立場が違えば利益も違う。

Yoppy

1

人間、一本槍ではいけない。
なんでもかんでも杓子定規に
決められるもんじゃない。

2

白黒分けられないときもある、
どっちつかずな曖昧な存在が人間なんだ。

3

遊びは人間の特権だ。

いいか？
バクチってのは**控除率**なんだ。
三競オートなんぞ控除率が25％を超えている。
宝くじだって50％近い控除率だ。
客が運だと思い続ける限り、胴元は太り続ける。

Yoppy

語録
バクチに勝つ

1

ラスベガスのルーレットの赤黒が
50％の確率と思っている奴はバカだ。
0・00があるんだ。正しくは約47％だ。

2

バクチは子方が張れば張るだけ胴が太る。
子方の必勝法は一発勝負だ。

3

勝負するならマカオへ行け。
マカオの「大小」は唯一控除0％だ!!

何っ！　**賭博が犯罪**だと？
国が三競オートの胴元をやってるじゃないか！
そこに刑法186条の
「賭博場開帳等図利罪」の**矛盾**がある。

Yoppy

1

人間は勝負ごとが好きな生き物なんだ。受験、就職、結婚、全て勝負ごとだ。

2

パチンコが賭博でないってのは一体何だ？

3

「三店方式」を良しとする警察は一体何を考えてるんだ？

とあるパチンコ・ホールの経営者が
こんなことを言っていた。
「パチンコってのは応用物理で
玉の動きは全て計算できる。パチンコは釘だよ。
オレが1億円つくろうと思えば、
釘1ミリ締めれば良い」

Yoppy

1

全く度肝を抜かれた話だ。
オレみたいなペーペーにいろいろ教えてくれた。
オレの尊敬する人の一人だ。

2

今、その人は華麗に引退している。
その人のつくった会社は、
現在、業界10位以内に入っている。

3

いずれまたお会いできる日を楽しみにしている。

若い時の**分不相応な遊び**のせいで
家や財産を失う奴もたくさんいる。
ドヤ街暮らしやダンボール生活が嫌ならば、
上手に遊んで上手に学べ。

Yoppy

語録
バクチに勝つ

1

遊ぶなとは言わない。
分相応をちゃんと見極めるんだ。

2

同じ金を使って遊ぶなら、
何かを学ばなければ損だ。

3

レストランやディスコに行ったなら
店の内装・外装、従業員の配置の
良し悪しに目を凝らせ。遊びは学びだ。

遊びに金を使わず、ただ通帳のゼロを増やすのに
躍起《やっき》になっている奴がいる。
通帳預金の多くが死に銭だ。
相続される金のほとんどは、
残念ながら「生き銭」にならない。

Yoppy

1

相続された大金は幸せを生むのか。
受け取る孫にとって本当に良いのか。

2

資産家が金を残して、相続をめぐり家族が破たんする。
よくある話だ。残された遺族が遺産争いをする?
それなら金がない方が幸せだ。

3

孫がどんな風に金を相続して、
どんな人生を歩むかをしっかりと想像しろ。

バクチは日本が誇る巨大な娯楽産業だ。
赤字国債に喘《あえ》ぐ日本は、これを生き銭に転じる方法を真剣に考えるべきだ。
まずは**パチンコ税の導入**だ。

Yoppy

語録
バクチに勝つ

1

パチンコ産業は衰退したとはいえ
25兆円産業だ。

2

まずはパチンコ一玉を1円上げて
5円に値上げすべきだ。

3

値上げする1円の取り分は、
国の税金として50銭、ホールは50銭とする。
これでWinWinだ。赤字国債を大幅に減らせる。

バクチを生き銭に変えるもう一つの提案だ。
日本の地方にカジノを誘致するんだ。
いま地方は**過疎**と**高齢化**という問題を
抱えている。日本のどの地域でも、
格差がなく暮らせる国づくりが必要だ。

Yoppy

1

沖縄と青森にカジノを誘致する。
過疎地域で外国人訪問客を受け入れるんだ。

2

ふるさと納税の拡大。
困っている地域に納税せよ。

3

過疎化地域でベンチャー起業する者への
大幅減税を導入せよ。

銀座のレイ子――黒服時代の話

今から6～7年前の話だ。当時、オレは祖父の興した株式会社の取締役をやっていた。だが、祖父と経営方針の違いから大ゲンカになり、祖父の資金援助なしに「事業を興してやる」とタンカを切って、川崎で激安ホルモン焼き屋を立ち上げる資金作りのため、銀座のクラブで黒服（ホスト）をしていた。

オレはその当時、金もなく、ヒマで仕方なかった。しかし、じいさんに〝タンカ〟を切っちまった以上、何かをするしかなかった。でも夜になっちゃ、地元の後輩どもと安酒喰らいのハシゴ酒ばっかりだった。そんな時、オレの地元川崎の〝熟女キャバクラ〟で〝レイ子〟っていう名の指名ナンバーワンのホステスと出会った。

レイコは週7日その店に勤務していた。不運にも亡くなってしまったオレの前の彼女のCちゃんに顔がそっくりだった。生まれ変わりじゃないかと思ったくらいだ。オレはレイコの熟女キャバクラに足繁く通うようになった。

4～5回通った頃だろうか。レイコが突然こんなことを言いだした。「よっぴー、私、銀座のクラブのママなんだよね。今度銀座のお店にお客として来てくれない？」

銀座のクラブのママが、こんな川崎の場末の熟女キャバクラで働いているだと？　信じられなかったが、聞けば銀座の店はチーママに任せていると言う。釈然としないままに、翌日、オレは銀座に向かった。

「見極めてやろう」。そんな心持ちだった。

銀座7丁目、並木通り。数々の店の夜の看板に灯りが点き、和服の女性が歩く。なんとも上品なネオン街だ。生まれて初めて歩いた銀座の夜だった。

レイ子に連れられて到着したのは、とあるソシアルビル（水商売・風俗等の専門ビル）だ。〝会員制〟と書いてある扉をレイ子が開けると、次の瞬間、「ママ、おはようございます」と5～6人の女の声が響いた。見渡すと高級なワインセラーが存在感を放っている。まさか本当にやってるとは。

「よっぴー、こっち来て座ってよ。お店のルールを説明するからさ」。オレの実家はスナックを経営していた時期があったし、オレ自身もかつて川崎の安キャバクラで〝底辺ボーイ〟をやっていた。一応、水商売通ではあるが、一瞬でウンともスンとも言えない状況に追い込まれていた。

テーブルチャージと一番安いボトルの値段を確認した。「テーブルチャージは10万円、一番安いシーバスリーガルの18年が8万円。閉店まで飲んでも18万円なんだから安いでしょ?」とレイ子は言った。

度肝を抜かれた。地元の川崎じゃ普通一晩2～3万円、いいとこ4～5万円だ。「よっぴーは初回だから川崎値段でやってあげる。他のお客さんには内緒にしてね」

一番安いシーバスリーガルが置かれ、ちょっと控え目な娘が水割りをつくってくれた。オレはとりあえずグッーと飲み干した。ふと「ハコ」（店内）の状況を見回すと何かが妙だった。「ヨォ、レイ子！この店に黒服はいねぇのかよ?」。「今まで何人もいたけど、店のお金を任せると使い込んだり、持ち逃げするのよ。だから女の子だけで店をまわしてるのよ」。女を扱う店で男がいない？水商売の常識が崩れていった。

その日は閉店まで飲んで帰った。レイ子は18万円の勘定を4万円だか5万円に負けてくれた。

帰り際にレイ子が明るく言った。「よっぴーまた来てね。次は女の子に水割りをつくる仕事を教えてほしいの。ギャラは払うから受けてくれない?」

そうして、オレはホステス9人相手に水割りのつくり方を教え、チーム作りをするようになった。その後、店は快進撃した。いつの間にか、オレはレイ子のクラブの黒服になっていた。

店の客は大金持ちばかりだったが、オレはこの大金持ちのお客たちに非常に可愛がられた。この時に教えてもらったことは、今に活きている。レイ子はこの大金持ちからカネをボッタくった。結果、店は潰れた。どんな商売でも(特に水商売は)誠意をもって明朗会計でやらなければならない。

その後、オレは川崎のソープ街堀之内で激安ホルモン焼き屋を始めた。ある日、ソープのボーイが客で来た。「一番高えモノ出せ。オレたちは分不相応の遊びをしてここまで落ちた。だから遊びにゃうるせえんだ。貧乏人だと思ってさげすんでるんじゃねぇ!」。……安けりゃ受けると考えていたオレは、グゥの音も出なかった。

またある日、ホルモン焼き屋に泥まみれの土方が来た。その時、店では税込300円で適当なホルモンを出していた。

「こんなのホルモンじゃねぇ。バカヤロー。お前たちどんな修業したって言うんだ。これからオレが言う店に行け。そこも300円でホルモンを出している。勉強して来い! 川崎のホルモンをナメるな。こんなんじゃうまくいかねぇぞ!」

……事実オレは2ヵ月で店を潰した。世の中甘くない。今つくづくボーイと土方のアドバイスに感謝している。

4

人情の教えだ

Yoppy

語録

縁に賭ける

オレは銀座のクラブで黒服をしていた。
どんな大金持ちでも、どんな酔っ払いでも、
勘定だけは必ず覚えているモノだ。
ボッタくればすぐ**バレる**。

Yoppy

1

ボッタ客は、一度は帰ってくる。
二度、ボッタくったら客は二度と帰ってこない。
それがオレが銀座で見たことで、まぎれもない事実だ。

2

いろんな客がいるが、金持ちって人間は基本は地味だ。
見せびらかすとたかられるからだ。
金持ちは、「金を出せ」という言葉を最も嫌う。

3

貧乏人は年収をひけらかして派手な格好をする。
こんな奴に限って「カンパイドリンク」すら
奢《おご》らずケチる。だからモテない。

ホルモン焼き屋のお客だったTさんは
店舗投資詐欺《さぎ》に遭《あ》って
全財産が51円になった。
だが、今は都内の10階建てマンションに住み
ソバ屋の副店長をするまで持ち直した。
騙《だま》して金をとったSは行方知らずだ。

Yoppy

語録
緑に賭ける

1

人間やる気だと思う。
やる気のある奴は這《は》い上がってくる。

2

そこに行くまでには、行政の力を借りた。
日本の福祉ってのも捨てたモンじゃない。
一方、騙したSは今ごろ底辺労働でもしているはずだ。

3

Tさんは立派だ。
追われる者より、追う者の方が強いんだ。

オレが六本木のクラブで
遊び人をやっていた時の話だ。
ブラジル人のハーフモデルの〝チノ〟が言った。

「女にモテ過ぎると男友達ができない」

Yoppy

1

1ショット40万円のギャラを稼ぐチノは言った。
「よっぴー、友達になってくれないか？
オレ女にモテ過ぎて男友達がいねぇんだ」

2

オレは驚いた。そして、チノと友達になった。
それ以降、オレのまわりにまで女が群がった。

3

女にモテたきゃ、まず同性に好かれることだ。
言い換えれば、まず人に好かれることだ。

この世が全て男なら
ダイヤモンドなんぞ、
ただの石コロだ。
永遠の輝き？
なんだそりゃ？

Yoppy

1

「金と女は追えば追うほど逃げる」
全くその通りと思う。

2

女の尻ばかり追う男、金儲けの話ばかり考える男に
何の魅力があると言うのか？

3

オレは思う。
「最後に来るのは人間性だ」

オレはカナダ、アメリカ帰りの男だ。
足掛け三年暮らしていた。
あとの残りの人生は
イヤというほど
愛している川崎に住んでいる。
だから東京や日本を客観的に見れる。

Yoppy

語録
縁に賭ける

1

東京一極集中は異常だ。
多摩川の橋一本を渡るだけで物価は全て3割高だ。
川崎の方がオレには住み良い。

2

カナダ、アメリカで得たモノは何より人脈だ。
バンクーバーの友人はオレの財産だ。

3

アメリカ人はよく引越しするから交友が途切れがちだ。
対してカナダ人は一定の場所に住むことを好み、
わりと義理・人情を大事にする。

必要なのは**原点回帰**だよ。
オレ・私って一体何だったたっけ？って
考えることだよ。
そういう意味で移民の国アメリカ、カナダは強い。
自分のルーツを考えるからだ。
原点回帰イコール「ルーツ」だ!!

Yoppy

1

自分がどう生まれて、どういうプロセスを経て
今に至っているか。
これを考えることが大事だ。

2

ルーツを知れば、自分の好きなこと、嫌いなことが解る。
好きこそモノの上手なれだ。

3

歴史が浅いゆえにルーツを辿りやすい
アメリカ、カナダは強い。
特にカナダに学べ。

家族は人間関係の写し鏡だ。
かつて身内とケンカばかりしてきた時期がある。
その頃に付き合っていた奴らは
一様にロクなモンじゃなかった。
身内を大事にしたら
付き合う仲間も変わった。

Yoppy

語録
縁に賭ける

1

まず、身内を大事にしろ、だ。
そこから、交友も仕事もカネも生まれる。

2

友人は財産だが、
その前にまず身内や家族に目を向けるんだ。

3

家族を大事にできない奴は、
本物の友人なんかつくれない。

友人の誕生日や昇進は大いに祝う。
そして忘れちゃいけないのが、
亡くなった人々への「弔《とむら》い」だ。

Yoppy

1

亡くなった身内・友人・仲間・先輩・先生を弔う。
これ大事だよ。

2

墓参りはつい欠かしがちだけど、案外いいモンだ。
1人じゃなくて、2人、3人で行くともっと良い。

3

命日に関係なく、フラリ気の向いた時に、
花と線香と故人が好きだった物を持っていくんだ。

オレは何故か人に恵まれている。
一度付き合いだすと
男女ともに長い付き合いになることが多い。
付き合いが切れる奴もたくさんいるが、
そこは**縁**とでも言おうか。
どんなに距離が近くても会えない奴には会えない。

Yoppy

語録
縁に賭ける

1

財産って
結局のところ「ヒトの縁」だ。

2

かつては財産って事業だったり、
不動産所有だと思っていた。

3

でも、「ヒトの縁」は金で買えない。
今、つくづくそれを感じる。
要は「義理・人情」だ。

「友達」と「仲間」は違う。
仲間っていうのは「仕事仲間」だ。
タテではなくてヨコの関係だ。

Yoppy

1

仕事仲間と納得のいく仕事をして、
打ち上げで一杯やる。これが最高だよ。

2

儲けた儲けないは別にして、
満足のいく仕事を一緒にするのは格別なものだ。

3

「友達であり最高の仕事仲間」。
こういう付き合いは人を強くする。
そんな人間関係を生涯つくっていきたい。

あとがき　生き銭が渡る人生――感謝を込めて

私の祖母はものすごい働き者でした。家業の土台の7割をつくった人だと思います。私と弟は、祖母のことを「カーカン」と呼んでいました。おそらく子どもだったので、「お母さん」に似た言葉が口に出たんだと思います。祖父もまた若い頃に本当に苦労をした人でした。15歳で静岡の鉄鋼所に住み込み、朝から晩まで休みなく働いていたという話を、あるとき祖父からの手紙で知り、驚きました。そんな祖父を私たち兄弟は「ヤーヤ」と呼び、慕っていました。私たちは祖父母に「でき愛」されて育ったと思います。

先日、祖父が残してくれた千葉・君津の土地が売れ、相続をして多少のお金が入ってきました。ヤーヤ、カーカン、そしてオヤジの3人が残してくれた銭を、どう「生き銭」に使おうか、本当に悩んでいます。

生意気にも「お金」の話を書かせていただきましたが、私自身もまだ「お金」というモノについて、解らない部分がたくさんあるのが正直な気持ちです。やはり地道にコツコツ働き、コツコツ貯めることが王道であり、給料から「天引き」で貯蓄するのが確実だと思います。しかし、事業を拡大させるのであれば、やはりここ一番、金融機関から融資を仰ぐしかありません。地道な活動とここ一番の「勝負どころ」。このバランスだと考えています。

兎にも角にも同級生のトオルの一言で始まった本づくりが終盤を迎え、嬉しくもあり淋しくも感じています。原稿を書いている時期に地元の馴染みの店に顔を出すと、「よっぴー執筆活動は?」とか、「本はいつできるの?」と声をかけられ、照れ臭さを感じながらもそれを励みに、なんとか最後までたどり着きました。人間やはり一人では何もできないというのが本当のところです。

我が世田谷学園の同級生の友人や鳥弥三マスター、ナカベ先パイ、カズミ、モモコなど地元川崎の「飲み屋街」の楽しき仲間たち、オーナー、店主の方々の熱いエールに支えられて、ここまで来ることができました。加えて、メタ・ブレーン出版の広本氏や牟禮印刷には大変お世話になりました。私の数々のワガママを聞いていただいたことを心より感謝申し上げます。

最後に読者の皆様へ。「人生一度きり」。前向きに明るく、楽しく生きていただきたいと思っています。無論、これには健康が大事です。「明るく前向きに」「健康第一」。この言葉で締め括りたいと思います。またの日に皆様に会えることを期待して。

2016年10月　吉田義人　YOPPY

感謝を込めて

／ライム・ライト：Keichan ／田園土地：石塚さん

■三軒茶屋の……
au ショップ三軒茶屋店／ Kingdom ／ Bounty：Yukichan

■いろんなつながりの……
石川ゴエちゃん／やっさん（東建コーポレーション）／Akemin ／ Makko ／ Saori ちゃん／玉川さん＆早坂さん／成田さん（ピエロ）／ Chika ちゃん（C's Bar）／長内真弓／宮城さん＆先生（末永司法書士）／野崎さん、大貫さん、林さん（メガネストアー）／諏訪テル君／佐保田さん（フォーシーズンズ）／植村さん & 広瀬店長（Cafe NADOC）／スギサキ時計店スタッフさん／ 尾木大さん（岐阜セラツク）／世田谷学園　井上健太郎、金森、山本マサヒロ、哲郎、大木、哲人、トオル、松村、実郎、古賀、杉山、田中、中川、鍋田、池田、金沢、山健、川瀬……ほか同級生の皆さん、北原教頭、亀山先生、横倉先生、久村先生／黒川達也先生＆向井さん／前原晃さん／奥井勝さん／山本秀晃さん／加山雄三氏／桑田佳祐氏とサザンオールスターズ／ The Beatles

■残念ながら今は亡き……
Michel Cowan、Steven Cowan（Canada Vancouver）／ Tim ／石井啓雄教授（駒澤大学）／霜降課長、佐藤係長（日産プリンス神奈川販売）／大橋巨泉社長、内藤 Sunny 氏（OK Gift Shop Vancouver）／須賀康夫（やっちゃん）／須賀健／中村哲也（てっちゃん）／石田弘／室谷智香（ちかちゃん）& Yuki ちゃん／吉澤一雄／智代子／雅和／梅澤扶美子／萩原五十治／かね／治夫／幸治／英夫／おうきょおじちゃん／伊藤 Ruriko 先生／小高さん／郷原さん／ John Lennon ／George Harrison ／本田宗一郎氏／川端康成氏／田中角栄大先生／山本慧彊校長／小野教頭

■その他
吉澤興業株式会社／株式会社大成不動産／翠興産株式会社
代表取締役 吉澤英和、飯田さん／第１～５カスタムビル オーナーテナント様／取締役 吉澤英子／松吉有限責任事業組合（LLP）

Special Thanks

この本を書くにあたって直接・間接的にお世話になった（影響を受けた）方々のお名前をここに記します。ありがとうございました。万一、誤字があったら、ごめんなさい。そして、ぜひ一報ください。久しぶりに一献傾けましょう。

＊順不同。失礼ながら敬称は略させていただきました。

■越後湯沢の……

Swing Bar：司君、ジェシー、Kaori、杉山君、福ちゃん、みづき／人参亭：樋口兄貴／クラブ紫：ママ、マネージャー、Yumi&Nami

■ Vancouver (Canada) の……

OK Gift Shop：Kaoru さん、星さん、Richard さん、原姫さん、高原さん、Kim さん／ Peter、Alex Chalmers、Ryoma 大橋、Ray Wang、wife、やっちゃん、Club Hollywood North、Ken さん、Akira、RinRin、Byron Chun、Darren Moscowbitch

■ England (UK) の……

David Shirt ／ David's parents ／ Catherine

■川崎の……

ブリーズコーヒー：西村マスター、小野さん、保坂さん、須山さん、浜川さん、高澤さん、ソ・ユリャン／カフェ マロリーワイス：オーナー、へいさん、あいちゃん、ももこさん、ちょびんちゃん、wife さみ、さっちゃん、久留米 古賀、サティちゃん、Keita さん、亀ちゃん、いのさん／鳥弥三：峠マスター、中部先輩、Masashi 君、エーちゃん、荒川さん、小田さん／弥肴：オーナー、中河原のりさん／ Compass：Kaori&Waka ／ガールズバー ティーダ、バニーティ：NaNa& 吉村店長／ガールズバー イクス：Ryochan、MakiMaki、Aoi、Kenchan、Shimasan ／クラブ シャインルーナ：竹内君、赤城さん、長尾店長、Kaori&Yuki、イッチー／クリスタル：佐藤店長&ちかちゃん／ヘリオポリス：ヒロキ君、Ryo 君／アラビアンナイト：Sakura 店長／ラグーン：オーナー宮園さん、Ai ちゃん、Tomo ちゃん、hina ちゃん／かんてき：店長、ぶん君／喜多八：社長、大将、おかみさん、しんちゃん／ Bar Mate：細川さん

吉田義人（よしだ よしひと）
1974年生まれ、神奈川県川崎市出身。駒澤大学経済学部商学科で石井啓雄氏（経済政策学）に師事。日産プリンス勤務を経てカナダ・バンクーバーに長期滞在。帰国後、家業経営の危機に直面し、東京、神奈川で大手フードチェーン、飲食店、ゲームセンター、娯楽施設など数々の事業をスタートさせ、年商4億3千万円に達する再生を果たす。現在、地元川崎にて不動産会社の取締役営業部長。

生《い》き銭《ぜに》と死《し》に銭《ぜに》

2016年11月1日　初版第一刷発行

著　者　　吉田義人

印刷製本　　牟禮印刷株式会社
東京都千代田区九段北1-6-4 日新ビル4F　〒102-0073
Tel：03-3237-8627／Fax：03-3237-2187
URL：http://www.mure.co.jp

発行所　　メタ・ブレーン
東京都渋谷区恵比寿南3-10-14-214　〒150-0022
Tel：03-5704-3919／Fax：03-5704-3457
URL：http://www.web-japan.to
Mail：info@web-japan.to